INTRODUCTION

The history of Caernarfon dates back to the days of the Roman Empire when the XX Legion, based at Deva (Chester), built a fort at Segontium. Throughout the Middle Ages the town played a role in the turbulent history of north west Wales with both the Normans and the English selecting it as a defensive site. The construction of the great fortress on the banks of the Seiont by Edward Ist at the end of the 13th century, permanently established the town as the trading and administrative centre for the locality. The Glyndwr rebellion of the early 15th century and the civil wars of the mid 17th century caused great damage to the town and, on the restoration of the mnonarchy under King Charles II, an order was given to demolish the castle. Fortunately, the town was too impoverished to carry out the directive and the castle survived until the 19th century under the guiding hand of the town's mayor, Sir Llewelyn Turner.

The expansion of the slate industry during the early 19th century heralded a change as the town became involved in industry and the reconstruction of the quayside and the opening of the Victoria Dock led to links with distant ports of the British Isles, Europe and even North America. Along with this industrial expansion came growth in industrial housing and Caernarfon, with rows of small, jerry-built, low cost terraced houses, took on the appearance of a North of England industrial town. This brought with it the scurge of overcrowding, bad sanitation and disease. The outbreaks of cholera during the mid 19th century forced the council to take action and many improvements were carried out. Today, thankfully, many of these terraces have gone and their inhabitants have long since been rehoused in corporation housing estates.

During the 1950s, Caernarfon was a strong contender for recognition as the capital of Wales but that honour was to go to Cardiff. Despite this, many regard the town as the capital of Welsh speaking Wales and its role as an administrative centre was enhanced when it was designated the county town of the new county of Gwynedd in 1974. This led to the development of new administrative office buildings both inside the old town walls and on the side of Twthill. The construction of the fly-over across the lower Penrallt area during the 1970s further transformed the face of the town and it is perhaps only fitting that this book should try to record what the town used to look as it is surprising how quickly we forget. As a small boy during the 1950s, I spent most of my holidays on my grandmother's farm at Llanrug and the pictures contained wthin these pages have certainly proved nostalgic to me.

Stuart Whiskin is a Caernarfon man, born and bred who only took up an interest in local history after retirement. Today, as this book shows, he is a mine of information on the town and is regularly to be found studying pictures and records in the Gwynedd Archives Office on Victoria Dock. The town is indeed fortunate in both its records and their custodians and all who use the service speak highly of both the quality of the data available and the pleasant, co-operative atmosphere created by Mr Bryn Parry and his staff. I would encourage anyone who may have materials which could be of interest to local historians to contact the Gwynedd Archives Service so that the fund of knowledge about the county can be further expanded.

On behalf of the author and the publishers I would like to thank everyone that has allowed access to the photographs and pictures that are reproduced here (each has been acknowledged on the inside back cover) and Mr Wil Prydderch who kindly provide the Welsh translation.

W Alister Williams
Series Editor
1991

CYFLWYNIAD

Gellir olrhain hanes Caernarfon yn ôl i ddyddiau'r Ymerodraeth Rufeinig pryd yr adeiladwyd Caer yn Segontium gan y Lleng XX o Deva (Caer). Trwy gydol yr Oesoedd Canol, chwaraeodd tref Caernarfon ei rhan yn hanes terfysglyd Gogledd Orllewin Cymru, gyda'r Normaniad a'r Saeson yn ei dewis fel safle amddiffynfa. Pan adeiladwyd y gaer enwog hon ar lan Afon Seiont gan Edward I ar ddiwedd y drydedd ganrif a'r ddeg, fe sefydlwyd Caernarfon yn ganolfan parhaol i'r cylch, mewn masnach a gweinyddiaeth. Bu adwaith gwrthryfel Glyndŵr yn y bymthegfed ganrif a'r rhyfeloedd cartref yn yr ail ganrif a'r bymtheg, y naill a'r llall, yn niweidiol iawn i'r dref. Gydag adferiad y frenhiniaeth o dan y Brenin Siarl II, gorchmynnwyd dymchwel y castell, ond yn ffortunus, 'roedd y dref yn rhy dlawd i gario allan y gorchymyn a goroeswyd y castell i'w atgyweirio yng nhanol y ganrif ddiwethaf o dan arweiniad Maer y dref, Syr Llewelyn Turner.

Gydag ymlediad y chwareli llechi yn nechrau'r ganrif ddiwethaf, daeth newid cyferiad, gyda'r dref yn egnio ei hunan mewn diwydiant. Fel canlyniad i hyn, ail luniwyd y cei, agorwyd porthladd Fictoria a chysylltiwyd y dref yn arforol gyda phorthladdoedd pell ym Mhrydain ac Ewrop a hyd yn oed Gogledd America. Gyda'r datblygiad diwydiannol yma daeth twf mewn adeiladu tai, gyda'r canlyniad i Gaernarfon ddatblygu fel adlewyrchiad o un o drefi Gogledd Lloegr gyda rhesi o dai teras bychan, rhad a gwael eu llun. Effeithiodd hyn ar iechyd y trigolion, a daeth afiechydon lawer i'r dref oherwydd y gor-boblogi. Torrodd haint y Colera allan a gorfodwyd y Cyngor i weithredu er gwella'r sefyllfa. Erbyn heddiw, diolch i'r drefn, dymchwelwyd llawer o'r hen dai teras, a symudwyd y trigolion ers peth amser i dai cyngor y dref.

'Roedd tref Caernarfon yn ystod pumdegau'r ganrif hon ar y brig i gael ei chydnabod fel prif ddinas Cymru, ond ysywaeth, aeth y fraint honno I Gaerdydd ond er gwaethaf hyn, ystyrir y dref gan lawer iawn fel prifddinas y Gymru Gymraeg. Yn 1974, hyrwyddwyd ei chymeriad fel canolfan weinyddol pan benodwyd hi yn dref sirol Gwynedd, ac yn sgîl hyn, adeiladwyd swyddfeydd gweinyddol newydd o fewn i hen furiau'r dref. Gwelir adeiladau newydd hefyd yng nghylch Twthill. Trawsnweidiwyd wyneb y dref ymhellach pan adeiladwyd ffordd newydd ar draws Penrallt Isaf. Gan fod cof dyn mor fyr, efallai yn wir mai buddiol ac addas fai cofnodi sut wedd oedd ar y dref amser maith yn ôl. Fel bachgen bychan ym mhumdegau'r ganrif, treuliais ran helaeth o'm gwyliau ar fferm fy nain yn Llanrug, ac yn sicr iawn daw'r lluniau oddi mewn i'r cloriau, lu o atgofion yn ôl i mi.

Gŵr wedi ei eni a'i fagu yng Nghaernarfon yw Stuart Whiskin a dim ond wedi iddo ymddeol y cymrodd ddiddordeb mewn hanes lleol. Heddiw, fel tystia'r llyfryn hwn, mae ganddo stôr o wybodaeth am hanes y dref, ac yn aml fe'i gwelir yn astudio lluniau ac ystadegau yn swyddfa Archifdy Gwynedd sydd wedi ei lleoli ym Mhorthladd Fictoria. Yn sicr mae'r dref yn ffortunus yn eu cofnodion a'u gofalwyr. Geirda yn unig sydd gan bawb a ddefnyddia'r gwasanaeth, am ansawdd y data sydd ar gael, hefyd am y sirioldeb a'r awyrgylch gydweithredol a greir gan Mr Bryn Parry a'r staff. Annogaf unrhyw un sydd ganddo yn ei feddiant rhywbeth ag sydd o ddiddordeb i haneswyr lleol, i gysylltu â Gwasanaeth Archifdy Gwynedd er mwyn ymestyn fwyfwy wybodaeth am y Sir.

Ar ran yr awdur a'r cyhoeddwyr, hoffwn ddatgan fy niolchiadau i bawb a ganiataodd i mi rwydd hynt i ffotograffau a lluniau a atgynhyrchir yma (cydnabyddir pawb oddi mewn i'r clawr ôl) ac i Mr Wil Prydderch am gyfiethu y llyfr i'r Gymraeg.

W Alister Williams
Golygydd y Gyfres
1991

1. CASTLE SQUARE/ Y MAES c. 1900

This view of Castle Square, taken at the turn of the century, shows part of the weekly cattle market which was held there before being moved to the Smithfield (at the bottom of Gipsy Hill). Of particular interest in this picture are the buildings in the distance, located on the site now occupied by the statue of David Lloyd George, which appear to be quite different to those visible in picture No 2. In 1895 these housed the premises of Robert Newton & Co (slate merchants) and J A Vaughan (accountant).

Dyma lun o'r Maes ar droad y ganrif. Gwelir yma ran o'r farchnad wartheg a gynhelid yn wythnosol cyn iddi symud i Smithfield ar waelod Gipsy Hill. Y mae'r adeiladau yn y pellder o ddiddordeb arbennig gan y lleolwyd hwynt ar safle lle saif yn awr gerflun o David Lloyd George. Ymddengys y rhain yn wahanol i'r rhai a welir yn narlun 2. Yn 1895, adeiladau oedd y rhain i farchnatwyr llechi, sef Robert Newton a'i gwmni, hefyd y cyfrifydd J A Vaughan.

2. CASTLE SQUARE/ Y MAES c. 1885

This view shows Castle Square before the construction of the statue to Sir Hugh Owen in 1888. Clearly visible on the left are two houses which were demolished shortly after this photograph was taken. The large building on the right, Paternoster Buildings, was the premises of Hugh Humphreys (printer & publisher).

Gwelir yma y Maes cyn i'r cerflun o Syr Hugh Owen gael i godi. Ar y chwith gwelir yn eglur ddau dŷ a ddymchwelwyd yn fuan iawn wedi tynnu'r llun hwn. Yr adeilad mawr ar y dde yw adeilad Paternoster a berthynai i Hugh Humphreys (argraffwyr & chyhoeddwyr).

3. CASTLE SQUARE/ Y MAES c. 1910

The fountain, which is visible in this photograph which was taken from the castle, was unveiled in 1868 by HRH The Prince of Wales as part of the new town water scheme following the cholera outbreak of 1866.

Tynnwyd llun y fynnon sy'n weladwy yma o'r castell, ac fe'i dadorchuddiwyd yn 1868 gan Dywysog Cymru fel rhan o gynllun dŵr newydd y dref yn dilyn haint y Colera yn 1866.

4. CASTLE SQUARE/ Y MAES c. 1958

Castle Square before the pedestrianisation scheme of the 1970s. The construction of the roundabout (right foreground) and the use of the square as a bus station makes the area appear to be very much smaller than it seemed earlier in the century. The shops on the right are (R-L): Astons (furniture), Bertorelli's (ice cream), Crosville (travel office), People's Café.

Dyma'r Maes cyn i gynllun i'r cerddedwyr ddod i rym yn y saithdegau. Wedi ffurfio'r cylchdro (blaendir dde), a'r defnydd a wnaed o'r Maes fel gorsaf i fwsus, ymddengys yn llawer llai nag yr oedd yn gynnar yn y ganrif. Y siopau a welir ar y dde (Dd-Ch) Astons (dodrefn), Bertorelli (hufen iâ a melusion), Crosville (swyddfa bwsus) a Chaffi'r Maes.

5. BRITANNIA INN/ GWESTY'R BRITANNIA, c.1868

Located at the bottom of Pool Street, in a building that still survives (the name is still displayed) and is now the occupied by Greenwoods, the Britannia Inn was owned by Thomas White who advertised it as commanding "...a beautiful view of the magnificent Ruins of Carnarvon Castle, & within a few minutes walk of the Railway Station".

Lleolwyd hwn yng ngwaelod Stryd Llyn mewn adeilad sydd wedi goroesi (gwelir yr enw arno o hyd). Meddiennir yr adeilad heddiw gan siop Greenwood. Perchen yr adeilad cyn hynny oedd Thomas White a hysbysebai'r gwesty fel yn hawlio "... golygfa hardd o adfeilion godidog Castell Caernarfon ac o fewn ychydig o funudau o gerdded i Orsaf y Rheilffordd".

6. CASTLE SQUARE/ Y MAES, 1897

Crowds begin to gather by a stand erected at the eastern end of Castle Square to celebrate Queen Victoria's Diamond Jubilee. The premises of Williams & Owen (later Jay's furnishing store), can be seen in the background.

Golygfa o dorf yn dechrau ymgynull wrth ymyl stondin a godwyd ar ochr ddwyreiniol y Maes i ddathlu Jiwbili Ddiemwnt y Frenhines Fictoria. Yn y cefndir gwelir eiddo Williams & Owen a ddaeth yn ddiweddarach yn siop ddodrefn Jay.

7. CASTLE SQUARE/ Y MAES, 1911

Another royal occasion, the investiture of the Prince of Wales, was celebrated in the town in July 1911. In this photograph troops line the Square in front of Waterloo House. The buildings in the centre background, with the advertisements for the *Daily News* on the gable end, were demolished shortly afterwards and provided the site for the town's first memorial to those who fell in the Great War (see picture No. 10).

Amgylchiad Brenhinol arall, sef dathlu arwisgiad Tywysog Cymru, Gorffennaf 1911. Yn y darlun, gwelir rhes o filwyr o flaen Waterloo House. Yn fuan wedi'r achlysur hwn, dymchwelwyd yr adeiladau a welir yng nghanol y cefndir gyda'r hysbysiadau i'r Daily News ar ei dalcen. Darparwyd yn ei le safle Cofeb i'r rhai a syrthiodd yn y Rhyfel Byd Gyntaf (gwelir ddarlun Rhif 10).

8 & 9. THE INVESTITURE/ YR ARWISGIAD, 1911

Two views of the ceremonial surrounding the investure of the Prince of Wales (later King Edward VIII) in July 1911. On the right, the Prince is presented to the crowd assembled before Queen Eleanor's Gate. The shops at the top of Castle Hill, next to the town wall, were demolished in 1916. In the lower picture, the Archdruid of Wales and members of the Gorsedd, forming part of the procession, walk up a heavily decorated Bridge Street.

Dwy olygfa o seremoni parthed Arwisgiad Tywysog Cymru (yn ddiweddarach Y Brenin Edward VIII) yng Ngorffennaf 1911. Ar y dde gwelir cyflwyno'r Tywysog i'r dyrfa o flaen Porth Eleanor. Dymchwelwyd y siopau nesaf at furiau'r dref, ar gwr uchaf 'Castle Hill' yn 1916. Yn y llun isod gwelir Archdderwydd Cymru ac aelodau'r Orsedd, yn addurniedig iawn, yn ffurfio rhan o'r orymdaith i fyny Pont Bridd.

10 & 11. WAR MEMORIAL/ COFEB I'R RHYFEL

The town's original memorial to those that fell in the Great War was unveiled in 1919 in Castle Square, near the town wall, where some properties had recently been cleared. This was later replaced by a much larger structure (see below) which was unveiled on Armistice Sunday, 1922 by the Mayor of Caernarfon, Councillor A H Richards. An additional plaque was unveiled on 18 June 1950, to commemorate those men who had fallen during the Second World War.

Wedi dymchwel rhai adeiladau gerllaw muriau'r dref, gwnaethpwyd lle i gofeb wreiddiol i goffau'r rhai a syrthiodd yn y Rhyfel Gyntaf. Fe'i dadorchuddiwyd yn 1919. Yn ddiweddarach ail osodwyd hi gyda chofeb fwy (gwelir isod). Dadorchuddiwyd hi ar Sul y Cadoediad, 1922 gan Faer y Dref, y Cynghorydd A H Richards. Dadorchuddiwyd plac ychwanegol i goffau'r bechgyn a laddwyd yn yr Ail Rhyfel Byd ar 18 Myhefin 1950.

12 & 13. CASTLE STREET/ STRYD Y CASTELL

The upper picture, a 19th century print, shows a stage coach outside the Sportsman Hotel. Further up the street, next to the hotel, was the King's Head public house. On the left, the garden wall of Plas Llanwnda can be seen.

In the second picture, a photograph taken shortly after the Second World War, the hotel has been increased in size (and has become the Royal Sortsman Hotel) and a large new building has been constructed next to it which housed the High Street Post Office and the office of Emyr Thomas (solicitor). The house on the extreme right was the home of the Foxwist family and later served as the dental surgery of Mr Humphries Jones. The English Methodist Chapel which can be seen at the top of the street is now the Freemason's Lodge. Most of this area is now occupied by the new headquarters of the Gwynedd County Council.

Dengys y print uchod o'r bedwaredd ganrif a'r bymtheg, goets fawr tu allan i Westy'r Sportsman. Yn uwch i fyny'r stryd, nesaf at y gwesty, gwelir dŷ tafarn o'r enw King's Head, ac ar y chwith, gwelir wal gardd Plas Llanwnda.

Tynnwyd yr ail lun toc wedi'r Ail Ryfel Byd. Erbyn hyn mae'r gwesty wedi cynyddu mewn maint (adwaenir ef yn awr fel y Royal Sportsman). Nesaf at y gwesty, codwyd adeilad mawr newydd i leoli'r Swyddfa Bost, Stryd Fawr, hefyd Swyddfa'r Cyfreithiwr, Emyr Thomas. Ar y dde eithaf gwelir dŷ a fu'n gartref i deulu'r Foxwist, ac a ddaeth yn ddiweddarach yn feddygfa ddeintyddol Mr Humphries Jones. Gwelir gapel Saesneg y Methodistiad ar ben y stryd, ond heddiw ceir yno Gyfrinfa i'r Saeri Rhyddion. Meddiennir y rhan helaeth o'r cylch yma heddiw gan bencadlys Cyngor Sir Gwynedd.

14. GAOL COMMITTEE & STAFF/ PWYLLGOR & STAFF Y CARCHAR, c. 1920

Front row/Rhes blaen: [1] Rev J Morgan, [2] Rev Walter Jones.
Second row/Ail rhes: [3] Dr Robert Parry, [5] Rev J Wynne-Jones (Vicar/ Chaplain), [6] Mr J E Greaves, [7] Sir T Roberts.
Third row/Trydydd rhes: [2] Mr Henwood, [8] Mr Davies (Chief Warder/ Prif Warchodwr).
Fourth row/Pedwerydd rhes: [3] Mr Ellis, [6] Mr R Jones.

15. GROUP CAPTAIN BRABAZON REES, VC, OBE, MC, AFC (1884-1955)

The most decorated Caernarfon man of the Great War, Lionel Rees served in the Royal Artillery, Royal Flying Corps and Royal Air Force. The grandson of James Rees of Plas Llanwnda, Castle Street, the proprietor of *The Carnarvon & Denbigh Herald*, Rees was a noted aviation pioneer, archaeologist, solo trans-Atlantic yachtsman and biblical scholar. He was created a Freeman of the Borough of Caernarfon in 1920 and died in the Bahamas in 1955.

Gŵr o Gaernarfon ydoedd Lionel Rees a gafodd lu o anrhydeddau yn ystod y Rhyfel Byd Cyntaf. Gwasanaethodd yn y Royal Artillery, y Royal Flying Corps, hefyd yn y Llu Awyr. Gorwyr ydoedd i James Rees o Blas Llanwnda, Stryd y Castell, perchennog y *Carnarvon & Denbigh Herald*. Amlygodd Rees ei hun fel arloeswr gydag awyrennau, ym myd archaeoleg, hwyliodd ar draws Môr Iwerydd ar ben ei hyn ac 'roedd hefyd yn nodedig fel ysgolhaig Beiblaidd. Yn 1920, gwnaethpwyd ef yn ddinesydd o Fwrdreisdref Caernarfon. Bu farw yn y Bahamas yn 1955.

16. THE PROMENADE/ Y PROMENÂD, c. 1900

The Promenade was built as part of Sir Llewelyn Turner's improvement scheme which included the Victoria Dock. The building on the left, usually refered to as The Silent Battery, was headquarters of the Royal Naval Artillery Volunteers which were formed in 1872 from the Royal Naval Coast Volunteers. The barrel of their gun can be seen protruding from the building. The building is now the home of the Caernarfon Sailing Club.

Adeiladwyd y Promenâd, gan gynnwys Porthladd Fictoria, fel rhan o gynllun gwelliannau Syr Llewelyn Turner. Pencadlys Gwirfoddolwyr Y Royal Naval Artillery yw'r adeilad ar y chwith a chyfeirid ato fel y 'Silent Battery'. Ffurfiwyd hwy yn 1872 allan o Wirfoddolwyr Y Royal Naval Coast. Gwelir faril eu gwn yn ymwthio allan o'r adeilad. Cartref Clwb Hwylio Caer-

17. R.N.A.V. 1887

Officers, Instructors and Petty Officers of No 1 & 2 Batteries, Royal Naval Artillery Volunteers.

Swyddogion, Hyfforddwyr ac Is-Swyddogion Gwirfoddolwyr Batteries 1 a 2 o'r Royal Naval Artillery

Back row/ Rhes ôl [L-R]:
J A Vaughan, Inst G W Messefield, J Fletcher, S Parisham, Inst Wilkins, CPO M E Nee.
Second row/ Ail res: Richard Parry, CRO Williams (No 2 Battery), Lt George Owen, Lt C A Jones, CPO Caradoc Rowland (No 1 Battery).
Front row/ Rhes flaen: Bell, W R Wilson, Alwyne Carter, J Lloyd Williams.

18. THE PROMENADE/ Y PROMENÂD, c. 1900

The view along the promenade showing, in the centre, The Anglesey Hotel and, behind it, the roofline of the town gaol.

Golygfa o'r promenâd yn dangos Gwesty'r Anglesey yn y canol, a thu ôl iddi gwelir grib tô carchar y dref.

19. PIER HEAD/ PEN Y PIER c. 1910

The paddle steamer *Snowdon*, which ferried passengers from Caernarfon to Anglsey. The pier head was located behind the Victoria Dock on the site later occupied by an oil depot and the Anglsey landing stage was by the Mermaid Inn, Brynsiencyn.

Cludai'r stemar badl o'r enw *Snowdon*, deithwyr o Gaernarfon i Sir Fôn ac yn ôl. Lleolwyd y pen pier tu ôl i Borthladd Fictoria, lle yn ddiweddarach bu storfa olew. Glanfa'r *Snowdon* ar ochr Sir Fôn oedd o flaen gwesty'r Mermaid.

20. P.S. ARVON, 1913
The crew of the paddle steamer ferry *Arvon*..

Criw y stemar badl *Arvon*.

Standing/Sefyll (L-R): Edward Griffith (Mate/Mêt), John Williams (Warehouseman/Dyn y Warws), John Lloyd (AB), Daniel Jones (Master/ Mistar).
Kneeling/Ar ei gliniau (L-R): David Davies (Engineer/Peiriannydd), Richard Daniel (Collector of Tolls/ Casglwr Tollau).

21. P.S. *LADY ORME* , c. 1935

The *Lady Orme* was built in 1888 and was originally named the *Fusilier*. In 1935, she was bought by the Cambrian Shipping Company and operated between Llandudno, Menai Bridge and Caernarfon. Renamed *Creastwave* in 1938 she was broken up the following year.

Adeiladwyd y *Lady Orme* yn 1888. Ei henw gwreiddiol oedd y *Fusilier*. Prynwyd hi yn 1935 gan Gwmni Llongau'r Cambrian. Mordwyai rhwng Llandudno, Porthaethwy a Chaernarfon. Newidiwyd ei henw i *Creastwave* yn 1938, a'r flwyddyn ganlynol fe'i torrwyd i fyny.

22. VICTORIA DOCK/ PORTHLADD FICTORIA, 1910

This photograph shows the Victoria corn and flour mill (which stood on the northern side of the dock) after serious damage sustained in a fire on 1 April 1910. The building was later repaired and was also known as the North Shore Mill. It has since been demolished.

Darlun o felin ŷd a blawd Fictoria yw hwn wedi i dân ei ddifrodi ar y 1af o Ebrill, 1910 (safai ar ochr ogleddol i'r porthladd). Atgyweiriwyd yr adeilad yn ddiweddarach ac adwaenid ef hefyd fel Melin North Shore. Dymchwelwyd ef toc wedi hyn.

23. PRETORIA TERRACE/ RHES PRETORIA

The view looking from Pretoria Terrace (which has now been reduced in width) towards the North Gate.

Golygfa wrth edrych o Dai Teras Pretoria tuag at Borth y Gogledd (lleihawyd lled y ffordd a welir yma erbyn heddiw).

24. SKINNER STREET/ LON CRWYN c. 1919

Crown Street with, in the distance, the Empire Cinema. The building in the centre of the photograph (now demolished) was a lodging house. The site is now occupied by a double glazing factory.

Dyma lun o Lôn Crwyn gyda sinema'r Empire yn y pellder. Llety oedd yr adeilad a welir yng nghanol y llun ond fe'i dymchwelwyd erbyn heddiw. Ceir ffatri gwneud gwydr dwbl ar y safle nawr.

25. BALACLAVA ROAD/ FFORDD BALACLAFA, c. 1935

On the occasion of very high tides, this run-down area of the town was prone to flooding. It has now been demolished and the site is occupied by a car park.

'Roedd y rhan dlotaf yma o'r dref yn dueddol i lifogydd ar achlysur llanw mawr. Erbyn hyn fe'i dymchwelwyd a cheir yno heddiw faes parcio.

26. BANK STREET/ STRYD Y BANC, c. 1935

A row of terraced houses which were located near the Empire Cinema the site of which is now a public car park. Of interest are the poles used to dry washing.

Rhes o dai teras a leolwyd ger Sinema'r Empire. Maes parcio cyhoeddus sydd i'w weld yno heddiw. Y mae'r polion a ddefnyddid i sychu dillad o ddiddordeb.

27. HIGH STREET/ STRYD FAWR c. 1910

This street is dominated by the old Guildhall which was built over the East Gate of the old town wall. The site had been, during the reign of King Edward I, the Exchequer and Chancery of the Principality of North Wales. The building was altered in 1833 at which time the clock was also installed. On the left of the photograph the entry to Northgate Street can be seen with London House and the Market Stores beyond . On the right, on the corner of Palace Street, was the Post Office. The girl on the right is standing outside R C Barber's jewellry shop.

Dominyddid y stryd hon gan hen Neuadd y Dref a adeiladwyd uwchben Porth Ddwyreiniol hen furiau'r dref. O dan deyrnasiad y Brenin Edward I bu'r safle yn Drysorlys a Siawnsri Tywysogaeth Gogledd Cymru. Newidwyd yr adeilad yn 1833, a phryd hynny, gosodwyd gloc yn y wal. Ar law chwith i'r llun gwelir fynedfa i Stryd Northgate, a thu draw, gwelir London House a Market Stores. Ar gornel Stryd Palas ar y dde, bu'r Swyddfa Bost. Saif yr eneth sydd ar y dde tu allan i siop gemau R C Barber.

28. EASTGATE STREET/ STRYD Y PORTH MAWR c. 1900

The reverse view of that seen in picture No 27. The Borough Council met on the ground floor of the Guildhall, in the room to the right of the arch. The caretaker lived on the left hand side. A cinema was operated by Mrs Davies in the upstairs room until the upper part of the building was demolished. The man on the right is standing at the top of the steps which lead down to Bank Quay and the premises just in front of him were William Hamer's pawnbroker shop.

Golygfa tu ôl i'r un a welir yn Rhif 27. Cyfarfydda Cyngor y Fwrdeisdref ar y llawr isaf yn Neuadd y Dref mewn ystafell ar y dde i'r bont. Trigai'r gofalwr ar y llaw chwith. Mrs Davies oedd yn gyfrifol am y sinema yn rhan uchaf yr adeilad hyd nes ei ddymchwel. Saif y dyn sydd ar y dde ar ben grisiau sy'n arwain i lawr i Gei'r Banc. Siop benthyg arian yn eiddo i William Hamer yw'r adeilad o flaen y dyn.

29. NORTHGATE STREET/ STRYD PEDWAR A CHWECH, c. 1900

The view down Northgate Street from High Street. The corner shop on the left sold groceries with Thomas Lewis & Company's tea and flour warehouse located behind and, beyond that, the King's Arms public house (now known as the Black Boy). The corner shop on the right was London House sweets and tobacconist shop.

Golygfa i lawr Stryd Pedwar a Chwech. Gwerthid nwyddau groser yn y siop gornel ar y chwith gyda warws de a blawd yn perthyn i Thomas Lewis y tu ¥ol iddi. Tu hwnt i hwn gwelir dŷ tafarn y King's Arms. Adnabyddir y dafarn heddiw fel y Black Boy. Gwerthid melysion a thybaco yn y siop a welir ar y dde, a gelwid hi yn London House.

30. HIGH STREET/ STRYD FAWR, c. 1890

Reputed to be one of the oldest houses in Caernarfon, the Mona Hotel, on the corner of High Street and Shirehall Street, was demolished on 24 September 1895. The site is now occupied by the Gwynedd County Council Trading Standards Office.

Safai Gwesty'r Mona ar gornel Stryd Fawr a Stryd y Jêl. Ystryrid ef yn un a dai hynaf yng Nghaernarfon. Dymchwelwyd y Mona ar Fedi 24ain, 1895. Meddiennir y safle heddiw gan Swyddfa Safonau Masnach Cyngor Sir Gwynedd.

31. HIGH STREET/ STRYD FAWR, c. 1890

The view along High Street from Porth yr Aur. The porth on the right, beyond the Post Office Telegram boy was the entrance to the Mona Hotel [see picture No 30]. The public house between Shirehall Street and Castle Street was the Snowden Vaults. The large building on the left, at the entrance to Church Street, was Plas Bowman, which had previously been the site of Plas Spicer, home of William Thomas the 17th century MP. The sign beyond this property was that of the Packet House tavern. Of interest in this photograph is the clock spire on the Guildhall which was removed shortly afterwards.

Golygfa ar hyd Stryd Fawr o Borth yr Aur. Mynedfa i Westy'r Mona oedd y porth sydd ar y dde heibio'r bachgen teligram (gweler darlun Rhif 30). Snowden Vaults yw'r tŷ tafarn sydd rhwng Stryd y Castell â Stryd y Jel. Plas Bowman oedd yr adeilad mawr a welir ar y chwith wrth fynedfa i Stryd yr Eglwys. Plas Spicer a safai yma'n flaenorol ac a fu'n gartref i W Thomas, Aelod Seneddol yn yr ail ganrif a'r bymtheg. Eiddo tŷ tafarn Packet House yw'r arwydd tu draw i'r adeilad hwn. Y mae'r cloc a welir ar dŵr y Neuadd o ddiddordeb. Tynwyd y cloc i ffwrdd toc wedyn.

The Guild Hall, Carnarvon.

ON

THURSDAY, 12TH DECEMBER, 1895,

A SERIES OF

Living Pictures

Will be given by the following Ladies and Gentlemen :—

Miss Rees,   Miss Gosling,
    Miss Sillar,   Miss B. Jones,
        Miss K. Ffoulkes-Jones,
Mr. C. A. Jones,   Mr. G. H. Humphreys,
    Mr. J. H. Rees,   Mr. A. Carter,
        Mr. E. Jones,   Mr. E. Pugh,
            Mr. R. G. Fanning,

IN AID OF THE

COTTAGE HOSPITAL.

The Carnarvon Orchestral Society

Will play Selections of Music during the Intervals, under the conductorship of

Mr. John Williams, Organist of Christ Church.

DOORS OPEN AT 7.30; TO COMMENCE AT 8 P.M.

Admission—First Seats, (which may be reserved at Mr. D. Jones, Bangor Street) 2s.; Second Seats, 1s.

Tickets obtainable of Mr David Jones and Mr Caradoc Rowland, Castle Square.

Printed at the "Herald" Office, Carnarvon.

---

32. THE GUILD HALL/ NEUADD Y DREF, 1895

In addition to its civic functions, the Guild Hall was also used for public entertainment. This poster advertises an evening of 'Living Pictures' - not an early cinematic display, but tableaux enacted by well known members of the local community - and musical selections performed by the Orchestral Society. In later years, the Guild Hall was used as a cinema and was known locally as the 'Bug House'.

Yn ogystal â'i defnydd i swyddogaeth dinesig, defnyddid y Neuadd hefyd i adloniant cyhoeddus. Cyhoeddir y poster hwn noson o 'Luniau Byw' nid arddangosfa o'r sinema cynnar, ond yn hytrach dablo a chwaraeid gan aelodau adnabyddus y gymdeithas, hefyd ddetholiadau cerddorol a berfformid gan y Gymdeithas Gerddorol. Yn ddiweddarach defnyddid y Neuadd fel sinema a adnabyddid ar lafar gwlad fel y 'Bug House'.

33. TURF SQUARE/ PENDIST, c. 1910

The Lloyd's Bank building on the right was originally the site of Pierce & Williams' store 'Yr Afr Aur' (The Golden Goat), which was linked to their other building, across Eastgate Street on the corner of Greengate Street, by a first floor footbridge. The premises of clothier E Owen, 'Yr Angor Aur' (The Golden Anchor), can be seen on the left.

Siop Yr Afr Aur a berthynai i Pierce & Williams oedd yn wreiddiol ar dir lle heddiw said Banc Lloyd. I gysylltu hwn gyda'u hadeiladau eraill dros Stryd y Porth Mawr ar gornel Lôn y Felin, defnyddid bompren ar y llawr cyntaf. Ar y chwith gwelir Yr Angor Aur, sef siop ddillad o eiddo E Owen.

34. BRIDGE STREET/ Y BONT BRIDD c. 1910

On the left, the premises of Edward Hughes & Son, ironmonger can be seen on the site now occupied by McIlroys store. The shop on the right was occupied by The Welsh Tobacco Manufacturers.

Siop gwerthu nwyddau haearn o eiddo Edward Hughes a'i Fab yw'r adeilad ar y chwith. Gwelir ar y safle heddiw Siop McIlroy. Eiddo Gwneuthurwyr Tybaco Cymreig yw'r adeilad ar y dde.

35. BRIDGE STREET/ Y BONT BRIDD c. 1900

Bridge Street looking towards Castle Square. On the right is Stead & Simpson's boot and shoe makers and on the left, with a clock on the shop front, The Nelson Emporium.

Llun o stryd Bont Bridd yn edrych tuag at Y Maes. Ar y dde gwelir siop 'sgidiau Stead & Simpson. Siop Nelson yw'r adeilad ar y chwith gyda chloc ar ei blaen.

36. BRIDGE STREET/ Y BONT BRIDD c. 1930

Left hand side (L-R): Dicks (shoes), unknown (tobacconist) with the London & Provincial Insurance Co (upstairs). In the distance the George Inn can be seen. Right hand side (R-L): W O Griffith, Holland Arms (licencee W Jones), G O Griffith (gents outfitter - with the sun blind lowered).

Llaw chwith (Ch-D): Siop Dicks ('Sgidia) gyda chwmni Yswiriant London & Provincial (i fyny'r grisiau). Gwelir Gwesty'r George yn y pellder. Llaw dde (D-Ch): W O Griffith, Holland Arms (trwyddedwr W Jones), siop G O Griffith (dillad dynion - gyda'r bleinds i lawr).

37. BANGOR STREET/ STRYD BANGOR c. 1910

This photograph shows the view looking north from Turf Square towards the Prince of Wales Hotel. The buildings in the distance, on the right hand side, were later demolished as part of a road widening scheme.

Dengys y llun hwn yr olygfa wrth edrych i'r gogledd o Pendist tuag at y Prince of Wales. Yn ddiweddarach, dymchwelwyd yr adeiladau sydd yn y pellder ar y llaw dde i wneud lle i gynllun lledu'r ffordd.

38. BANGOR STREET/ STRYD BANGOR c. 1930
The view looking towards the town centre from the site of the present day bus depot. The large house behind the wall was Uxbridge House which was demolished to make way for the Majestic Cinema (now called The Dome) which was opened in 1934. The first film to be shown at the Majestic was *Evergreen* starring Jessie Matthews.

Dyma olygfa yn edrych tuag at ganol y dref o ganolfan bresennol y bysiau. Uxbridge House yw'r tŷ mawr sydd tu ôl i'r clawdd. Dymchwelwyd hwn, ac adeiladwyd Sinema'r Majestic yn ei le. Agorwyd ef yn 1934 (heddiw gelwir hwn yn The Dome). Y ffilm gyntaf i'w harddangos yn y Majestic oedd Evergreen, gyda Jessie Matthews yn serennu.

39. RAILWAY STATION/ ORSAF Y RHEILFFORDD c. 1914

Caernarfon had three seperate railway systems converging at the town station. In 1852, the town was linked to the main Chester to Holyhead line. In 1870, this line was extended, through the town (by means of a short tunnel under Turf Square) to Pant, on the south side of the River Seiont, where it linked up with the Pant to Afonwen line which had been opened in 1867. The final development was the opening of the Caernarfon to Llanberis line in 1872. The lines to Afonwen and Llanberis were closed in the Beeching cuts of 1964 followed by the Bangor link eight years later. The station buildings underwent major alterations for the 1911 Investiture.

'Roedd gan Gaernarfon ar un adeg dair system reilffordd arwahân, yn cydgyfarfod yng Ngorsaf y dref. Yn 1852, cysylltiwyd y dref â'r brif lein rhwng Caer a Chaergybi. Yn 1870, gyda chyfrwng twnnel byr o dan Stryd y Porth Mawr, ymestynwyd y lein yma drwy'r dref i Pant ar ochr ddeheuol i Afon Seiont er mwyn cael cysylltiad â'r lein i Afonwen a agorwyd yn 1867. Y datblygiad terfynol oedd agoriad y lein rhwng Caernarfon â Llanberis yn 1872. Gyda thoriadau Beeching yn 1964, caewyd y rheilffyrdd i Afonwen a Llanberis ac, wyth mlynedd yn ddiwedarach, fe gaewyd y lein i Fangor. Gwneuthpwyd newidiadau mawr i adeiladau'r orsaf adeg Yr Arwisgiad 1911.

40. CARNARVON REGATTA, 1888

A poster issued by the London & North Western Railway.

Poster a gyhoeddwyd gan y Rheilffordd London & North Western.

41. VIEW FROM TWTHILL/ GOLYGFA O TWTHILL, c. 1900

The view across the Menai Straits from Twthill showing the railway sheds at Caernarfon Station.

Golygfa ar draws Afon Menai yn dangos siedau trenau yng ngorsaf Caernarfon.

42. HOLY TRINITY CHURCH/ EGLWYS Y DRINDOD, c. 1870

A schooner undergoing repairs in a dry dock located near the present day Victoria Dock. In the background Holy Trinity Church can be seen without the spire which was added in 1882. The church was built in 1862.

Llun sgwner yn cael ei hadgyweirio ym morthladd sych gerllaw'r porthladd presennol Fictoria. Yn y cefndir, gwelir Eglwys y Drindod heb y tŵr a ychwanegwyd yn 1882. Adeiladwyd yr eglwys yn 1862.

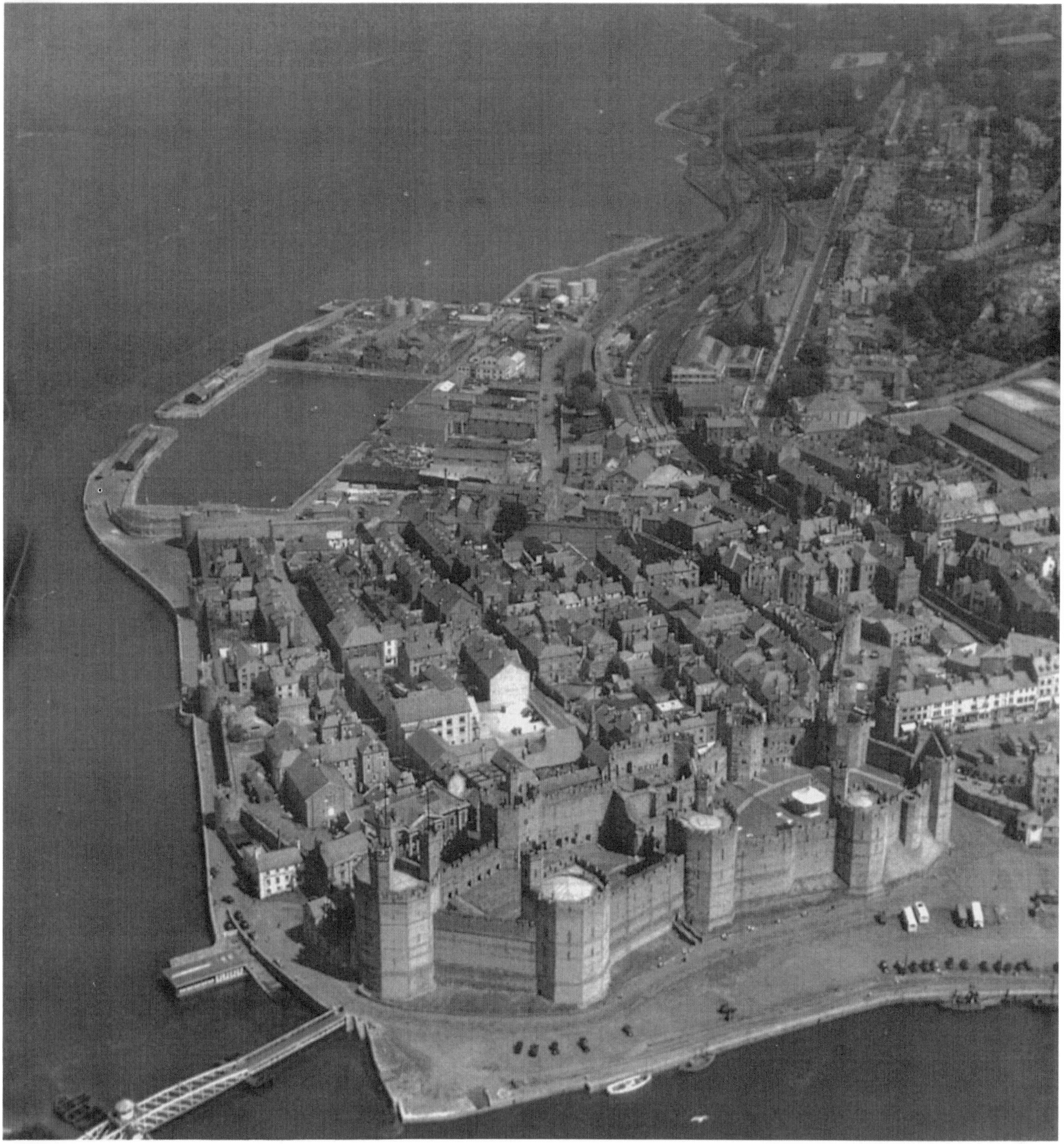

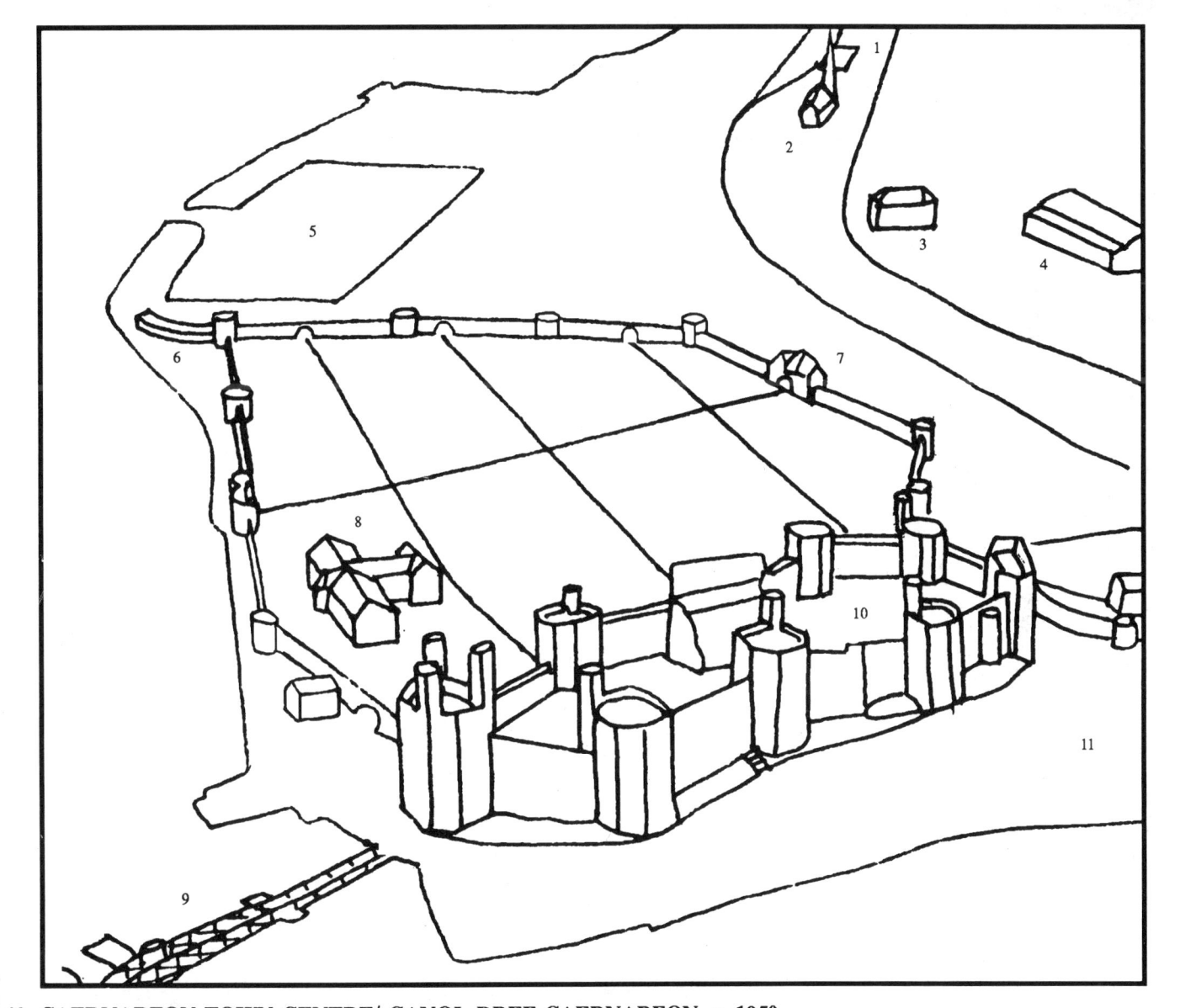

43. CAERNARFON TOWN CENTRE/ CANOL DREF CAERNARFON, c. 1950

1. Railway Station, 2. Holy Trinity Church, 3. Majestic Cinema, 4. The Pavilion, 5. Victoria Dock, 6. The Silent Battery, 7. The Shirehall, 8. Gaol, 9. Aber Bridge, 10. Caernarfon Castle, 11. The Slate Quay.

2. Gorsaf y Rheilffordd, 2. Eglwys y Drindod, 3. Sinema Majestic, 4. Y Pafiliwn, 5. Porthladd Fictoria, 6. Y 'Silent Battery', 7. Neuadd y Dref, 8. Y Carchar, 9. Pont yr Aber, 10. Castell Caernarfon, 11. Y Cei Llechi.

44 & 45. THE PAVILION / Y PAFILIWN

Built in 1877 on the site now occupied by the Borough Council Offices, the Pavilion was the largest public hall in Wales and was the venue for many notable events including the National Eisteddfod of 1935. Perhaps the best known orator to hold meetings here was David Lloyd George, the Member of Parliament for Caernarfon Boroughs from 1890 until 1945. The top photograph shows the Pavilion in the process of being demolished in 1962.

Adeiladwyd hwn yn 1877 ar safle lle heddiw saif Swyddfeydd Cyngor y Bwrdreisdref. Yn ei ddydd 'roedd y Pafiliwn yn adeilad cyhoeddus mwyaf yng Nghymru ac yn ganolfan achlusuron pwysig gan gynnwys yr Eisteddfod Genedlaethol yn 1935. Efallai may David Lloyd George, Aeold Seneddol Bwrdreisdrefi Caernarfon o 1890 i 1945 oedd yr areithiwr mwyaf adnabyddus a fu yno erioed. Gwelir yn y darlun uchod y pafiliwn ar ei ffordd i gael ei ddymchwel yn 1962.

46. DDRAIG GOCH DRAMA COMPANY/ CWMNI DDRAMA DDRAIG GOCH 1932

Members of the cast of the Easter 1932 production of *Hywel Harris*.

Aelodau'r Cwmni o'r cynhyrchiad *Hywel Harris*, Pasg 1932.

Back Row/ Rhes ôl (L-R): Miss Nellie Pritchard, Mr Tom Parry, Mr H Trevor Jones, Mr E H Evans, Mr J Morris Jones, Miss Lizzie Parry, Miss J Williams. Middle Row/ Rhes ganol (L-R): Mr Pandy Williams, Mr R O Jones, Mr J Cadwaladr, Miss M Parry, Mr Gwynfor, Mrs Gwynfor, Mr W J Jones. Front Row/ rhes blaen (L-R): Mr Emrys Jones, Mr J P Gregory Williams, Mr G Llew Jones, Mr William Williams, Mr Cemlyn Williams.

47. HMS PINAFORE

A poster advertising a production of the Gilbert and Sullivan light opera which was staged at the Pavilion.

Poster yn hysbysu cynhyrchiad o opera ysgafn Gilbert a Sullivan a lwyfanwyd yn y Pafiliwn.

48. SOUTH PENRALLT/ PENRALLT ISAF c. 1914

This row of houses was demolished in 1915. The building on the left was Hugh Daniel's bakehouse, which was demolished shortly before the Second World War. The site of the bakehouse is now occupied by a Pensioners Centre and housing.

Dymchwelwyd y rhes tai yma yn 1915. Becws Hugh Daniel a welir ar y chwith. Chwalwyd hwn toc cyn yr Ail Ryfel Byd. Canolfan pensiynwyr ynghŷd â thai a welir heddiw ar hen safle'r becws.

49. SOUTH PENRALLT/ PENRALLT ISAF c. 1914

Another view of South Penrallt showing Moriah Chapel, adorned with four gas lamps. Burnt down on 9 July 1976, the site of the chapel is now a car park. The whitewashed buidling was Hugh Daniel's bakehouse (see picture No 48).

Golygfa arall o Benrallt Isaf yn dangos Capel Moriah wedi'i addurno â phedair lamp nwy. Aeth y capel ar dân ar y 9fed o Orffenhaf 1976 ac heddiw y mae'r safle yn faes parcio. Becws Hugh Daniel yw'r adeilad gwyngalchog (gweler Rhif 48).

50. SOUTH PENRALLT/ PENRALLT ISAF, c. 1914

The stone buildings on the left were demolished shortly after this photograph was taken. Llanfair Terrace, on the right, was demolished to make way for the new Tanrallt road scheme. This street was also known as Stryd Priciau Saethu (Arrows Street).

Tynnwyd yr adeiladau sydd ar y chwith a wneuthpwyd o gerrig i lawr toc wedi tynu'r llun hwn. Dymchwelwyd hefyd Dai Teras Llanfair sydd ar y dde i wneud lle i gynllun ffordd Tanrallt. Adwaenid y stryd hon hefyd fel Stryd Pricau Saethu.

51. MOUNT PLEASANT SQUARE/ SGWAR MOUNT PLEASANT c. 1920

This row of houses, located in Twthill, was demolished before the Second World War and its residents were moved to the newly built council estate at Scubor Goch.

Toc cyn yr Ail Ryfel Byd, dymchwelwyd y rhes yma o dai a leolwyd yn Twthill, a symudwyd y trigolion i ystad newydd yn 'Sgubor Goch.

52. TWTHILL SQUARE/ SGWAR TWTHILL c. 1925

Miss Elizabeth Olwen Williams stands outside D Morton Jones' shop in Twthill Square. These premises were demolished as part of the Tanrallt road scheme and the site is now occupied by senior citizen's flats.

Yn sefyll tu allan i siop D Morton Jones, gwelir Miss Elizabeth Olwen Williams. Tynnwyd yr adeiladau yma i lawr fel rhan o gynllun ffordd newydd Tanrallt. Yn sefyll ar y safle heddiw, gwelir fflatiau i bensiynwyr.

53. TWTHILL POST OFFICE/ SWYDDFA'R POST TWTHILL c. 1920

Mr William Griffiths outside the Post Office in Twthill Square.

Yma gwelir mr William Griffiths tu allan i Swyddfa Post Twthill.

54. SILOH BACH c. 1927
The Siloh Bach Mission (Calvinistic Methodist) Juvenile Choir. The adults are: Choir Master J O Parry, Accompanist Miss Jones, Secretary J Lewis Evans, Thomas Jones 'Llanor', Mr Robinson.

Côr ieuenctid Capel Siloh Bach. Yr oedolion yw: Côr Feistr J O Parry, Cyfeilyddes Miss Jones, Ysgrifennydd J Lewis Evans, Thomas Jones 'Llanor'. Mr Robinson.

55. SILOH TERRACE/ TAI TERAS SILOH, c. 1900
Tanrallt, Gipsy Hill, Siloh Terrace and Siloh Bach Mission. Most of this area was completely changed by the Tanrallt road scheme of the 1970s.

Tanrallt, Gipsy Hill, Tai Teras Siloh a Chapel Siloh Bach. Newidwyd yn gyfangwbwl y rhan helaeth o'r cylch yma gyda dyfodiad cynllun ffordd Tanrallt yn y saithdegau.

56. THE NATIONAL SCHOOL/ YR YSGOL RAD

The National School, which opened in 1843, was located on Llanberis Road and later served as the County Library. It was demolished in 1978 to make way for the A487 fly-over.

Agorwyd yr Ysgol Rad (Ysgol Hogia) a leolwyd ar Ffordd Llanberis yn 1843. Yn ddiwedarach, defnyddiwyd yr adeilad fel Llyfrgell y Sir. Tynnwyd ef i lawr yn 1978 i wneud lle i'r ffordd fawr, y A487.

57. PENRALLT SCHOOL/ YSGOL PENRALLT c. 1932

Miss Violet Jones' class at the Boy's Council School

Llun un o'r dosbarthiadau yn 'Ysgol Hogia', gyda'i hathrawes, Miss Violet Jones.

58. GIPSY HILL, c. 1950
The road improvement scheme of the 1970s completely altered the area of the town seen in this photograph. Gipsy Hill was notorious amongst learner drivers who often had to carry out the driving test hill start on it. In the early days of the driving test, there are even reports of vehicles failing to start on it and having to go up it in a zig-zag manner. The roof of Siloh Bach Mission can just be seen behind the wall on the left. Behind this chapel was the town's Smithfield or cattle market. Across the centre of the photograph, the rear of Margaret Street and William Street can be seen.

Newidiwyd yn gyfangwbwl y rhan yma o'r dref a welir yn y llun gyda chynllun gwelliant y ffordd fawr yn y saithdegau. 'Roedd yr allt hon yn nodedig ymysg dysgwyr drefio ac yn aml defnyddiwyd hi fel man i ail gychwyn y car ar allt. Y mae hyd yn oed adroddiadau o geir yn methu a dechrau arni ac yn cael eu gorfodi i fyned i fyny'n igam-ogam. Gellir prin weld tô Capel Siloh Bach tu ôl i'r clawdd sydd ar y chwith. marchnad wartheg neu'r Smithfield oedd tu ôl i'r capel. Gwelir ar draws y llun, gefn Stryd Marged a Stryd William.

59. POOL STREET/ STRYD LLYN c. 1900
The view from the top of Pool Street, looking towards the junction with Llanberis Road.

Golygfa o ben Stryd Llyn yn edrych tuag at y gyffordd gyda Ffordd Llanberis.

60 & 61. POOL STREET/ STRYD LLYN

Two views of the junction of Pool Street and Llanberis Road. The picture on the left, dated c. 1895, shows Salem Chapel and the premises of J R Pritchard, Corn Merchant. This building was replaced at the turn of the century (see picture below, dated c. 1905) and it was at one time the premises of the local electric company, then The Paragon (motorcycle shop) and is now an estate agency.

Dwy olygfa o gyffordd Stryd Llyn â Ffordd Llanberis. Gwelir Gapel Salem a adeiladwyd yn 1895 ar y chwith, hefyd eiddo J R Pritchard, Y Marchnatwr Ŷd. Ail osodwyd yr adeilad yma ar droad y ganrif (gwelir y llun isod, dyddiad 1905) a bu ar un cyfnod yn adeilad i gwmni trydan lleol. Yn ddiweddarach gwelwyd siop beiciau modur ynddi a adwaenid fel Y Paragon. Heddiw, gwelir yno swyddfa werthu tai.

62. VICTORIA DRILL HALL/ NEUADD HYFFORDDIANT FICTORIA, c. 1940

Mrs Hesketh Hughes (in uniform, seated in the second row) and her staff pose for a photograph whilst packing Red Cross parcels for prisoners of war during the Second World War. The Drill Hall which was opened by local hero General Sir Hugh Rowlands, VC, was located in Victoria Road. Like so many other buildings in that area, it was demolished as part of the road improvement scheme of the 1970s.

Gwelir yma Mrs Hesketh Hughes a'i staff yn cymryd hoe fach i dynnu eu llun tra'n bwndelu parseli i garcharorion Yr Ail Ryfel Byd (gwelir Mrs Hughes mewn iwnifform yn yr ail rês). Lleolwyd y Drill Hall yn Ffordd Victoria, ac fe'i hagorwyd gan arwr lleol, sef y Cadfridog Syr Hugh Rowlands,VC. Fel llawer o adeiladau eraill yn y cylch yma, fe'u tynnwyd i lawr fel rhan o gynllun gwelliant y ffordd fawr yn y saithdegau.

63. POOL STREET/ STRYD LLYN c. 1895

Manchester House, the premises of David Davies, glass and china dealer, was located on the corner of Uxbridge Street. It was later the premises of Edwards confectionary shop and was demolished as part of the 1970s road scheme.

Dyma lun o Manchester House, eiddo David Davies, marchnatwr gwydr a llestri. Lleolwyd hwn ar gornel Stryd Uxbridge. Daeth yn ddiweddarach yn siop felysfwyd yn eiddo'r Edwards. Dymchwelwyd yr adeilad fel rhan o gynllun ffordd newydd y saithdegau.

64. SIR WILLIAM PREECE, KCB, FRS (1834 - 1913)

William Preece was born at Bryn Helen, Caernarfon. He trained as an electrical engineer and specialised in telegraphic engineering. In 1892 he was appointed Engineer in Chief to the General Post Office. He was a pioneer of wireless telegraphy and played a leading role in bringing Marconi to Britain. He retired to Penrhos, Caeathro, where he died in 1913.

Ganwyd William Preece ym Mryn Mela, Caernarfon. Hyfforddwyd ef fel peiriannydd trydan ac arbenigodd mewn peirianneg teligraff. Apwyntiwyd ef yn 1892 yn Brif Beiriannydd i'r Swyddfa Bost Gyffredinol. Arloesodd ym myd y teligraff radio, yn wir chwaraeodd ran flaenllaw i ddyfod â Marconi i Brydain. Ymddeolodd i Benrhos, Caeathro lle bu farw yn 1913.

65. SIR LLEWELYN TURNER (1823-1903)

Sir Llewelyn Turner was born at Parkia, Caernarfon, the son of William Turner a partner in the Dinorwig Quarry. Founder of the Royal Welsh Yacht Club, Deputy Constable of Caernarfon Castle and twice Mayor of Caernarfon, he was knighted in 1870. He is seen here about to enter his coach in the official dress of the High Sheriff of Caernarfonshire during 1886-7.

Ganwyd Llewelyn Turner yn Parciau, Caernarfon. 'Roedd ei dad, William Turner yn bartner yn Chwarel Dinorwic. Syr Llewelyn oedd sylfaenydd y Clwb Hwylio Brenhinol Cymreig. Bu hefyd yn Ddirpwy Gwnstabl i Gastell Caernarfon, bu'n Faer y dref ac, yn 1870, urddwyd ef yn farchog. Gwelir ef yn y llun ar fin myned i mewn i'w goets wedi ei wisgo mewn lifrau swyddogol Uchel Siryf Sir Gaernarfon yn ystod y flwyddyn 1886-87.

66. SEIONT BRIDGE/ BONT SEIONT c. 1900

The small house on the far side of the river bridge was formerly a toll gate and, just visible to the left of it, is a row of cottages known as Llanbibir Terrace. Orchard House, the large house on the right, was once a school run by Dr Kirk and was later the home of Major W C Whiskin, the author's grandfather. The two women in the bottom left hand corner are walking in Caernarfon Park.

Bu'r tŷ bychan a welir yr ochr draw i'r bont yn dollborth unwaith. Gelwid y rhes bythynod i'r chwith ohono yn Dai Teras Llanbibir (prin eu bod yn weladwy). Cedwid Ysgol ar un adeg yn y tŷ mawr a welir ar y dde, sef Orchard House. Dr Kirk oedd yn gyfrifol am yr ysgol. Yn ddiweddarach, bu'n gartref i'r Uchgapten W C Whiskin a oedd yn daid i awdur y gyfrol hon. Yng nghornel llaw chwith i'r llun gwelir ddwy ddynes yn cerdded yn y Parc.

67. SLATE QUAY/ CEI LLECHI c. 1910

A view from the castle over the top of the Slate Quay towards the industrial premises along the bank of the River Seiont. The twin track railway on the left has just emerged from the tunnel which linked this part of the town with the station.

Golygfa o'r castell uwchben y Cei Llechi tuag at yr adeiladau diwidiannol ar lan Afon Seiont. Y mae'r trac rheilffordd ddwbwl, newydd ymddangos o'r twnel lle cysylltid y rhan yma o'r dref â'r orsaf.

68. SLATE QUAY

This early 19th century print shows the area of the Slate Quay towards the close of the 18th century. In 1793, an Act of Parliament was passed to permit the town, by means of a Harbour Trust, to improve the facilities for shipping in the River Seiont. Within thirty years this rather crude facility had been greatly improved and the town was able to benefit from the expansion in the Caernarfonshire slate industry.

Print yw hwn yn deillio o flynyddoedd cynnar y bedwaredd ganrif a'r bymtheg, a dengys y cylch o gwmpas y Cei Llechi tuag at ddiwedd y ddeunawfed ganrif. Yn 1793, pasiwyd Deddf Seneddol drwy gyfrwng Ymddiriedolaeth yr Harbwr, yn caniatau i'r dref wneud gwelliannau i hyrwyddo buddiannau'r llongau ar Afon Seiont. O fewn deng mlynedd a'r hugain gwelwyd gwelliant mawr yn y cyfleusterau amrwd a fodolai, manteisiwyd ar y gwelliannau yma i ymledu'r diwydiant llechi yn Sir Gaernarfon.

69. SLATE QUAY/ CEI LLECHI c. 1900

The reverse view of that shown in photograph No 67. The timber yard in the foreground was part of the De Winton engineering works. The number of vessels moored at the quayside gives an good impression of the importance of the slate trade to the town during the early years of the present century. Ships sailed from here to ports throughout Europe and occasionally to North America.

Dyma'r olygfa a geir tu ôl i'r llun Rhif 68. Rhan o waith peirianneg De Winton yw'r iard goed a welir ar y blaen. Y mae nifer y llongau a welir ynghlwm wrth y cei yn adlewyrchu'n ffarfiol, bwysigrwydd y diwydiant llechi yn ystod blynyddoedd cynnar y ganrif hon. Hwyliai llongau oddi yma i borthladdoedd ar hyd a lled Ewrop ac yn wir i Ogledd America yn achlysurol.

70. SLATE QUAY/ CEI LLECHI c. 1900

A group of workers pose for a picture on the Slate Quay. The slates are neatly stacked according to size and are moved by means of the large wooden barrows.

Criw o weithwyr yn cymryd hoe fach i gael tynnu eu llun ar y cei. Pentyrrid y llechi'n daclus yn ôl eu maint, a chludwyd hwy mewn berfau pren.

71. SLATE QUAY/ CEI LLECHI c. 1900

Caernarfon was the main port for the Dyffryn Nantlle quarries. In this photograph the neat rows of slates can be clearly seen along the quayside.

Caernarfon oedd brif borthladd i lechi o chwareli Dyffryn Nantlle. Gwelir yn eglur yn y llun, resi destlus o lechi ar ochr y cei.

72 & 73. THE CASTLE/ Y CASTELL c. 1890

The upper photograph shows the Water Gate and the buildings, located outside the town walls, which were demolished after the Second World War. The corner building was a grocery and sweet shop run by David Rwyd Jones, the son of the Pilot.

Dengys y llun uchod y Water Gate a'r adeiladau wedi eu lleoli y tu allan i furiau'r dref. Dymchwelwyd y rhain ar ôl Yr Ail Ryfel Byd. Siop groser a melysion oedd y siop a welir ar y gornel a berthynai i David Rwyd Jones, mab y Peilot.

74. ABER BRIDGE/ PONT YR ABER

The Aber swing bridge, designed by W G Owen (later Chief Engineer to the Great Western Rail-way), was opened in 1900 and linked the Slate Quay with Coed Helen. Constructed of steel it was controlled by an operator located in the tower over the central pivot. Pedestrians paid a half-penny and cars paid sixpence to cross. It was demolished in 1969 and replaced by the present bridge.

Agorwyd Pont yr Aber, a fu'n bont 'swingio', yn 1900. Fe'i cynlluniwyd gan W G Owen a ddaeth yn ddiweddarach yn Brif Beiriannydd Rheilffordd y Great Western. Cysylltia'r bont â Choed Helen. Gwneuthpwyd hi o ddur a rheolwyd hi gan weithiwr mewn twr uwchben y pegwn canolog. Telid dimau i'w chroesi gan gerddwyr a chwe chweiniog i gerbydau. Dymchwelwyd hi yn 1969 i wneud lle i'r bont bresennol.

75. SLATE QUAY/ CEI LLECHI c. 1920

A hand-operated loading crane which was used for loading slate onto ships.

Craen a weithid gyda llaw, ac a ddefnyddid i lwytho llechi i'r llongau.

76. SWIMMING POOL/ PWLL NOFIO, c. 1910

Opened on 18 May 1905, on the Coed Helen side of the Seiont estuary, this open-air pool served the town until its closure in 1986. Located next to the sea, the pool filled with salt water which was changed automatically by the tidal movements in the Menai Straits.

Lleolwyd hwn ar ochr Coed Helen yng ngheg Afon Seiont, ac fe'i agorwyd ar Fai 18fed, 1905. Pwll awyr agored ydoedd a bu'n gwasanaethu'r dref hyd at ei gau yn 1986. Adeiladwyd y pwll nesaf at y môr lle llenwid ef â dŵr y môr. Newidid y dŵr yn otomatig gyda symudiadau'r llanw yn Afon Menai.

77. SWIMMING POOL/ PWLL NOFIO, c. 1905

The scale of charges at the newly opened swimming pool and baths. In the days before the installation of bathrooms into working class homes, the town baths were a convenient means of obtaining a hot bath. Also of interest is the provision of reading rooms, billiard table and a music room with the latest music (for the use of ladies only).

Yn y dyddiau cynnar cyn gosod baddonnau mewn tai gweithwyr cyffredin, 'roedd baddonnau cyhoeddus y dref yn fodd cyfleus o gael bath poeth. O ddiddordeb yw'r darpariaethau o ystafelloedd darllen, bwrdd biliard ac ystafell fiwsic gyda cherddoriaeth ddiweddaraf (i ddefnydd y merched yn unig).

Carnarvon Baths

ARE now open, for the accommodation of Visitors and the Public.

TERMS.	s.	d.
COLD BATH,	0	9
SWIMMING BATH,	1	0
SHOWER BATH,	2	0
WARM BATH,	2	6

In the Subscription Reading Rooms, the London, Dublin, Liverpool, and Bangor Papers, with Magazines, Quarterly Review, Army and Navy Lists, are supplied.

TERMS.	s.	d.
ONE WEEK	2	0
FORTNIGHT,	3	0
MONTH,	5	0
QUARTER,	12	0
HALF YEAR,	20	0
ANNUAL,	30	0

Country Gentlemen 10s. 6d. *per Annum.*

In the Ladies Subscription Room, in addition to the Papers and Magazines, a PIANO FORTE, and the newest Music is supplied.

An excellent Billiard Room & Table.

Wines, Refreshments, &c.

∗₊∗ The Proprietor of the above Baths has spared no expense to make them comfortable and commodious, and every exertion will be made to make them worthy the patronage and support of the Gentry and Visitors.

Carnarvon, printed by P. Evans.

78. CARNARVON UNITED FOOTBALL CLUB, 1909

Players and officials pose with the North Wales Amateur Cup and the Welsh Amateur Cup.

Llun swyddogion a chwaraewyr gyda Chwpan Amatur Gogledd Cymru, hefyd Gwpan Amatur Cymreig.

L-R/ Ch-D - Back row/ Rhes ôl: Mick Herbert, Evan Hughes, George Henry Jones, Albert griffith, John Williams, Evan R Jones. Front row/ Rhes flaen: John Griffiths, Hugh Roberts, Tom Roberts, Walter Jones, Robert H Roberts (Capt), Johnny Jones.

79. CARNARVON UNITED FOOTBALL CLUB, c. 1911

The lower picture shows the Carnarvon United team (wearing white shorts) attacking the goal at the Marcus Street end of the town ground.

Dengys y llun isod y tim gyda shorts gwynion yn ymosod ar gôl ochr Stryd Marcws i'r cae chwarea.

80. CAERNARFON TOWN FOOTBALL CLUB, 1957

Caernarfon Town receive the Alves Cup at Farrar Road, Bangor. The small boy at the front was Malcolm Denham, the club mascot.

Clwb Peldroed Caernarfon yn derbyn Cwpan Alves yn Farrar Road, Bangor. Mascot y Clwb, Malcolm Denham yw'r bachgen bychan ar y blaen.

L-R/Ch-D: Haydn Davies, Cyril Lea, John R Jones, R Gwynfryn Jones (President N Wales FA/Llywydd Cymdeithas Peldroed Gogledd Cymru), Beriah Moore, Noel Williams (behind/ tu ôl i Moore), Spencer Evans (behind/ tu ôl i Williams), Joe Mullock, John Oldfield, Roddy Gilmour (Capt),Glyn Hughes (behind Gilmour), Harold Marsden.

81. WOMEN'S SERVICES PARADE, CASTLE SQUARE/ PARED GWASAN-AETHAU'R MERCHED, Y MAES, c. 1943

Members of the women's services march past the War Memorial during the Second World War. A group from the Auxiliary Territorial Service (ATS) lead a group of Red Cross nurses.

Aelodau o Wasanaethau'r Merched yn ymdeithio heibio'r gofadail yn ystod Yr Ail Ryfel Byd. Adran o'r Gwasanaeth Cynorthwyol Territorial yn arwain grwp o nyrsys y Groes Goch.

82. EDWARD STREET/ HEOL EDWARD, 1945

The Mayor of Caernarfon, Mr H R Phillips, visits the Twthill children's tea party which was arranged to celebrate VJ Day (Victory against Japan) 16 August, 1945.

I ddathlu buddugoliaeth y Rhyfel yn erbyn Siapan, fe drefnwyd te parti i blant Twthill ar 16eg Awst, 1945. Talwyd ymweliad â'r parti gan Faer y Dref, Mr H R Phillips.